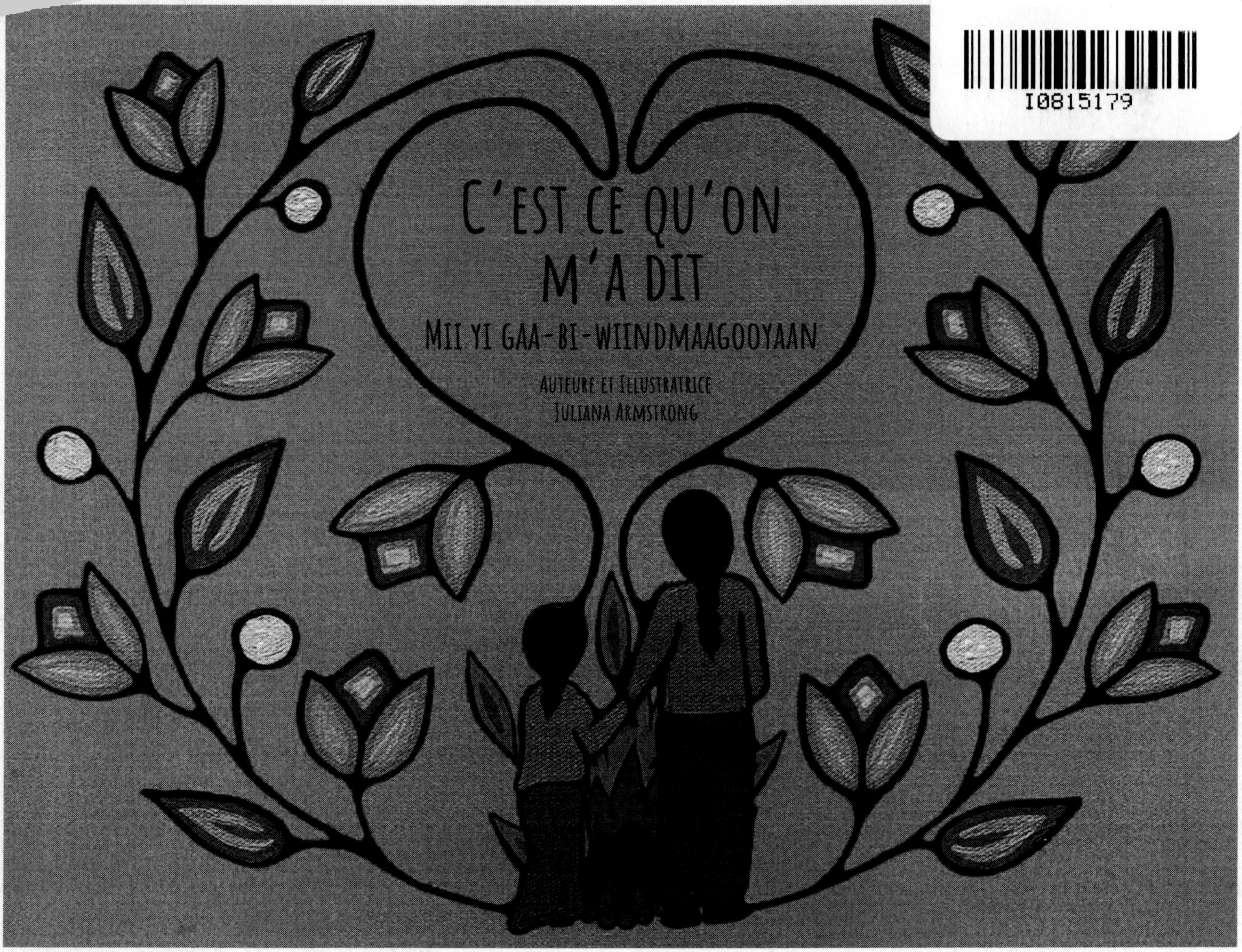

C'EST CE QU'ON M'A DIT

MII YI GAA-BI-WIINDMAAGOOYAAN

AUTEURE ET ILLUSTRATRICE
JULIANA ARMSTRONG

Juliana Armstrong

Plan de cours C'est ce qu'on m'a dit

1er septembre 2021

ISBN - 978-1-989122-79-2

Contenu :

Introduction – Avant les activités de lecture

- Activité 1 – Mots de vocabulaire et leur signification – Mots cachés
- Activité 2 – Texte à trous
- Activité 3 – Gookmis et Mishoomis
- Activité 4 – Complète les phrases
- Activité 5 – Enseignements
- Activité 6 – Mes enseignements
- Activité 7 – Éléments de la Terre Mère
- Activité 8 – Écriture d'une lettre
- Activité 9 – Art floral
- Activité 10 – Écrire une phrase/un paragraphe

Introduction : Avant les activités de lecture

- Présentez l'histoire en demandant aux élèves de faire des **prédictions** sur l'identité des gens et l'importance des différents objets (p. ex., tambour, feu). Écrivez les réponses des élèves sur une grande feuille de papier pour répondre à leurs prédictions à la fin de l'histoire.

- Discutez de l'**importance des couleurs** et **des éléments floraux** en utilisant ces questions : Quelle couleur est utilisée le plus souvent? Pourquoi? Quels éléments de la Terre Mère sont évidents dans l'histoire?

- Distribuez une feuille blanche aux élèves et demandez-leur de dessiner les symboles qui représentent leur culture et leurs valeurs familiales. Partagez-les ensuite avec la classe.

- Lisez la biographie de l'auteure sur la couverture arrière et repérez sur une carte du Canada ou sur Google Earth sa Première Nation. Utilisez la carte ci-jointe au besoin.

Activité 1 – Mots de vocabulaire et leur signification

Partagez avec les élèves ces nouveaux mots et leur signification. Les mots sont divisés en syllabes pour montrer la prononciation.

Gookmis – Gou-k-miss (grand-mère)

Mishoomis – Mish-ou-miss (grand-père)

Mishkiki – mi-sh-ki-ki (médecine)

Shkode – ish-kou-dè (feu)

Midewewin – mi-dé-wé-wine (d'une façon généreuse)

Gaan giigdogegoon – gone-guigue-dou-gué-goune (arrête de parler)

Anishnaabemowin – anish-nao-bé-mo-wine (langue autochtone)

Mno bimaadziwin – mino-bi-maod-zi-wine (vivre une belle vie)

Miigweng kendaaswin – migue-wègne-ken-daz-wine (partager les connaissances)

Doodem – do-o-dem (clan)

Dewegan – dé-wé-i-gane (tambour)

Odemin – o-dé-i-mine (fraise)

Nsidwinaagaazo – ni-sid-win-a-ga-zo (identité)

Ode – o-dé (cœur)

Miigwech – migue-wètch (merci)

Voici quelques idées pour enrichir l'apprentissage de ces nouveaux mots :

- **Pratiquer oralement chaque jour avec les annonces du matin.**
- **Afficher cette liste de mots pour que les élèves puissent y référer.**
- **Créer un dictionnaire illustré pour la classe.**
- **Enregistrer la voix des élèves.**

Activité 2 – Complète les phrases en utilisant les mots suivants :

enseignements, langue, marchent, monde, enseignants, culture, parcours, création, vision du monde, temps, nuit

On m'a dit que nos ancêtres ont porté notre ______________________ et notre____________________ depuis la ______________________ des ______________________. On m'a dit qu'ils ________________________ à nos côtés tout au long de notre ____________________ dans ce ________________________ physique.
L'histoire de notre _________________________ et notre langue partagent notre ________________________________ par l'entremise de plusieurs grands ____________________________ et nous laissent plusieurs grands ___________________________.

Illustre ce paragraphe dans la boîte ci-dessous :

Activité 3 – Gookmis et Mishoomis

Trouve dans l'histoire les réponses à ces questions. Écris des phrases complètes.

- Qui est Gookmis?
- Quels sont ses traits de personnalité?
- Pourquoi partage-t-elle ses enseignements?
- Qu'est-ce qu'elle enseigne à sa petite-fille?

- Qui est Mishoomis?
- Quels sont ses traits de personnalité?
- Pourquoi Mishoomis partage-t-il son enseignement du feu?
- Pourquoi est-ce que l'enseignement du feu est important?
- Où est-ce que Mishoomis nous dit de trouver le feu?

- Quel est le nom de l'endroit spécial où Gookmis et Mishoomis partagent leurs enseignements? Qu'est-ce que Gookmis et Mishoomis disent sur les pensionnats?

- Comment est-ce que Gookmis explique ce que c'est « une belle vie »?

En te basant sur l'histoire, dessine de quoi Gookmis et Mishoomis ont l'air.

Gookmis	Mishoomis

Activité 4 – Complète les phases en utilisant les mots de l'histoire :

Un doodem c'est________________________________.

Chaque doodem a des _____________________________
et une_____________________________ importantes.

Le dewegan est un cadeau des femmes durant la ___________________________.

Mishoomis dit que le dewegan porte les chansons du ______________ et en crée de nouvelles pour le _______________.
Il dit aussi que c'est le________________ de nos peuples en temps de _______________, dans les ________________ et les _____________________.

La odemin est un cadeau sacré du______________. Elle appartient aux ___________ parce qu'elle représente le _________________ et la ______________d'une femme.

Un ___________ est ton cœur. Gookmis dit que quand on utilise notre ____________ autant que notre _______________, on trouve l'équilibre.

Activité 5 – Enseignements

Gookmis et Mishoomis ont partagé leurs enseignements avec leur petite-fille et leur communauté. Écris les enseignements dans le tableau ci-dessous.

Gookmis	**Mishoomis**

Activité 6 : Mes enseignements

Prends quelques instants pour réfléchir à ce que tes grands-parents, tes parents et ta famille élargie t'ont enseigné sur ce que c'est que de « vivre une belle vie».

Écris au sujet de ces enseignements. Utilise la ponctuation et les lettres majuscules appropriées dans tes phrases.

Dessine l'enseignement qui est le plus important pour toi.

Activité 7 – Éléments de la Terre Mère

L'auteure a partagé et montré différents éléments culturels dans l'histoire. Illustre ces éléments ci-dessous.

Shkode
Dewegan
Odemin

Activité 8 – Écriture d'une lettre

Écris une lettre à un membre de ta famille. Dans ta lettre, exprime ta gratitude/reconnaissance envers cette personne pour ce qu'elle t'a enseigné et sur la manière dont tu prévois utiliser ces enseignements et ces valeurs « d'une bonne façon » pour aider les autres. Utilise le format suivant pour écrire ta lettre :

Écrire une lettre amicale

Dans une lettre amicale, tu utilises les mêmes mots que si tu parlais à un ou une amie pour lui donner des nouvelles sur ta vie. Dans ce type de lettre, c'est correct de poser des questions au sujet de la vie de ton ami(e), ce n'est pas impoli!

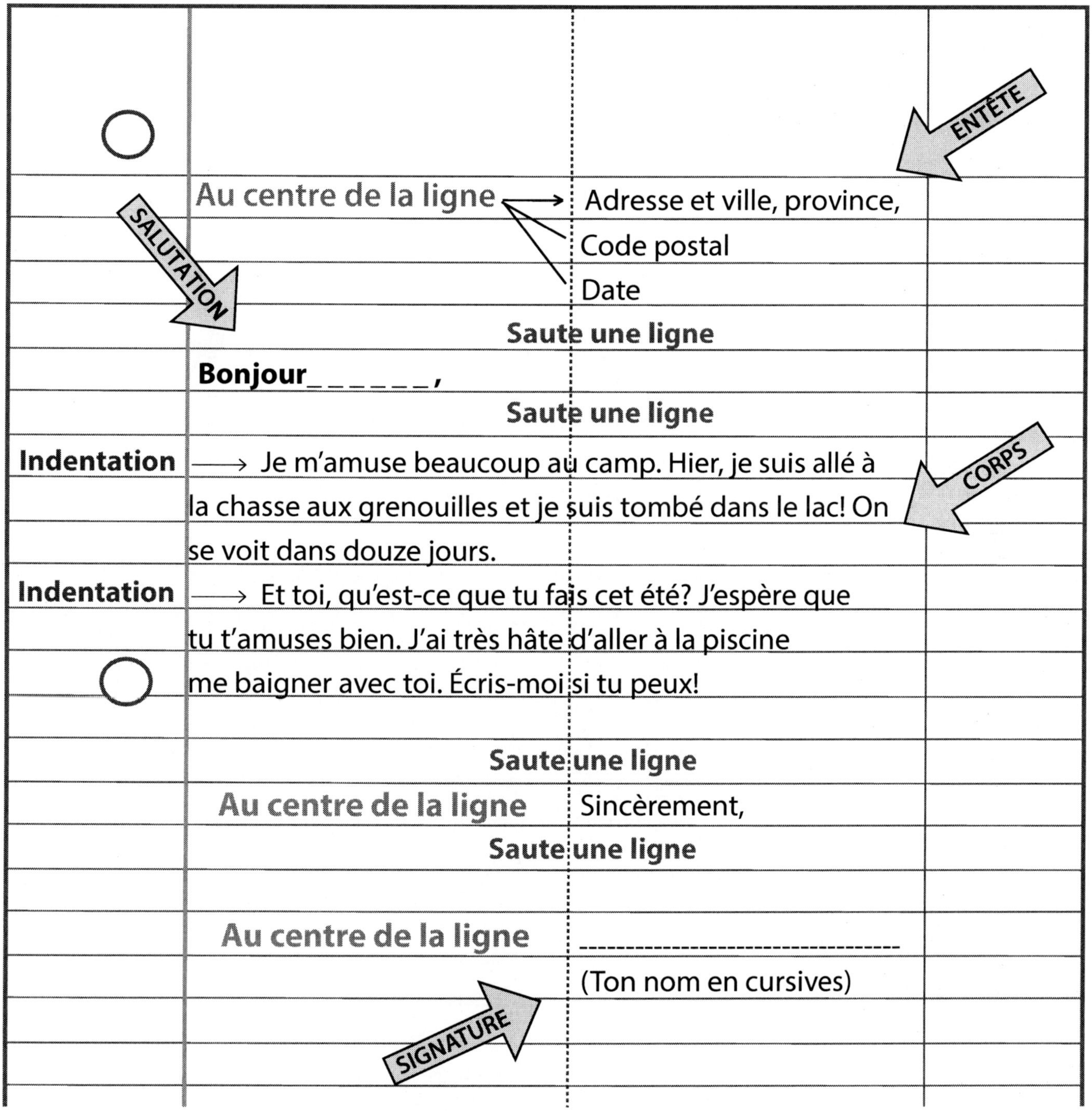

ENTÊTE

Au centre de la ligne → Adresse et ville, province,
Code postal
Date

SALUTATION

Saute une ligne

Bonjour_ _ _ _ _ _,

Saute une ligne

CORPS

Indentation ⟶ Je m'amuse beaucoup au camp. Hier, je suis allé à la chasse aux grenouilles et je suis tombé dans le lac! On se voit dans douze jours.

Indentation ⟶ Et toi, qu'est-ce que tu fais cet été? J'espère que tu t'amuses bien. J'ai très hâte d'aller à la piscine me baigner avec toi. Écris-moi si tu peux!

Saute une ligne

Au centre de la ligne Sincèrement,

Saute une ligne

Au centre de la ligne ______________________

(Ton nom en cursives)

SIGNATURE

Activité 9 – Affiche d'art floral

L'auteure/illustratrice a utilisé différentes sortes d'art floral avec des couleurs vives. Crée une affiche qui montre les « enseignants » dans ta vie. Cela peut être des personnes qui ne font pas partie de ton cercle familial. Dessine des motifs floraux le long des bordures de ton affiche.

Note pour l'enseignant(e) : Pensez à l'histoire pour trouver des idées et dessinez-les sur un carton ou une feuille pour que les élèves puissent s'en inspirer.

Matériel :	Feuille blanche de 11x 17
	Crayon/efface
	Crayons de couleurs ou feutres

Les élèves peuvent partager leur affiche lorsqu'ils ont terminé et peuvent les afficher dans la classe ou à l'extérieur de la classe.

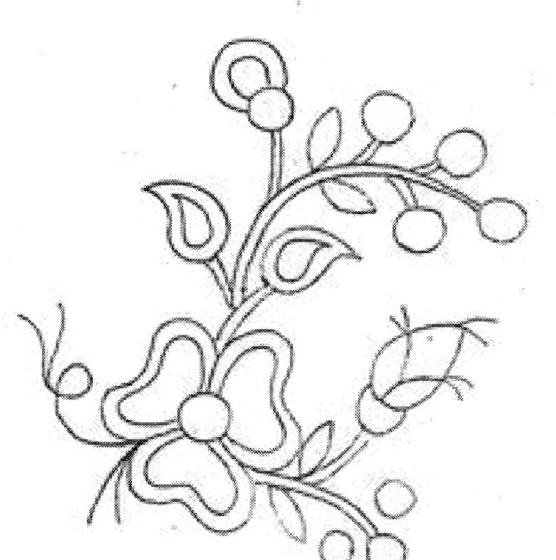

Activité 10 – Écrire une phrase/un paragraphe

Utilise chacun de ces mots dans une phrase. (élèves plus jeunes)

- Mishoomis ______________________________
- Gookmis ______________________________
- Skode ______________________________
- Midewewin ______________________________
- Dewegan ______________________________
- Odemin ______________________________
- Ode ______________________________
- Miigwech ______________________________

Écris un ou deux paragraphes en utilisant les mots ci-dessus. (élèves plus vieux)

Nom: ____

Mots cachés

T	S	T	G	Y	K	R	M	E	D	I	C	I	N	E	F	D	P
Z	R	A	R	R	E	T	E	D	E	P	A	R	L	E	R	E	S
G	L	U	A	I	L	L	X	Q	G	A	J	P	L	Q	D	Y	U
R	S	T	N	D	N	R	H	W	C	A	F	S	A	H	T	A	T
A	U	O	D	Z	T	N	J	W	B	W	S	G	N	S	Q	V	P
N	N	C	P	F	T	A	M	B	O	U	R	Q	G	M	K	J	P
D	L	H	E	M	H	L	H	R	X	F	F	U	U	Y	T	D	N
M	U	T	R	T	M	E	R	C	I	A	M	F	E	M	N	K	A
E	K	O	E	R	K	B	L	D	U	A	J	J	A	X	M	X	D
R	Z	N	X	B	E	L	L	E	V	I	E	R	T	H	O	K	M
E	B	E	R	C	L	A	N	B	B	N	W	S	S	U	Z	L	A
I	D	E	N	T	I	T	E	L	F	R	A	I	S	E	R	U	U

ARRETE DE PARLER
AUTOCHTONE
BELLE VIE
CLAN
FEU
FRAISE
GRANDMERE
GRANDPERE
IDENTITE
LANGUE
MEDICINE
MERCI
TAMBOUR